JN439952

다시 봄뜻으로

다시 봄뜻으로

초판 1쇄 인쇄 • 2017년 6월 30일
지은이 • 김정서
펴낸이 • 이승훈
펴낸곳 • 해드림출판사
주 소 • 서울 영등포구 경인로82길 3-4(문래동1가 39)
센터플러스빌딩 1004호(우편07371)
전 화 • 02-2612-5552
팩 스 • 02-2688-5568
E-mail • jlee5059@hanmail.net

등록번호 • 제2013-000076
등록일자 • 2008년 9월 29일

* 책값은 표지에 있습니다
* 잘못된 책은 바꿔드립니다

ISBN 979-11-5634-195-6

삶의 정한 속으로 끌어들이는 평화

다시 봄뜻으로

김정서 제2시집

해드림출판사

작가의 말

빛과 어둠이 녹아든 고갯길에서
돌아보는 주위가 온통
고마움과 아름다움으로 꽉 차있음을
비로소 알고
앉은 대로 선 대로 그 느낌대로
쓸 수 있음에 고개 숙이며……

김정서
2017년 6월

목차

1. 보는 듯 보이는 듯

2. 고요한 파도

3. 돌처럼 바람처럼

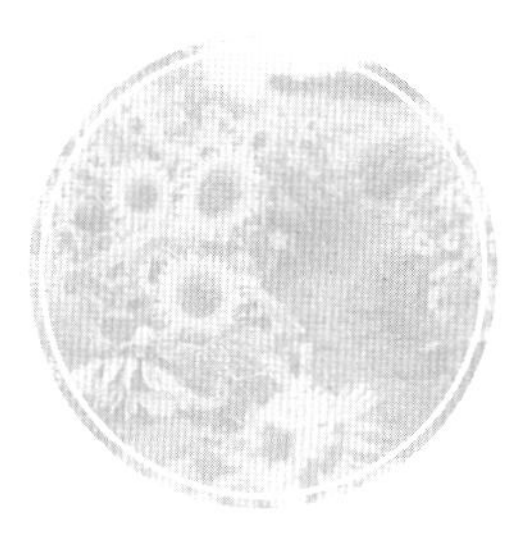

4. 모두가 사랑이어라

1 보는 듯
보이는 듯

안경 _ 승리 _ 더덕 _ 흔적이 남을까

차향은 둥글다 _ 가고 흐르고 _ 못

오해와 편견 _ 발돋움 _ 사찰 기둥

깻대는 꺾이고 바람은 풀리다 _

최고장 _ 달 항아리 _ 무상에 대하여

자목련 _ 독백 _ 후회 _ 모습 _ 춘목 _ 강물

안경

사람들이 점점 보통의 상식을 넘어 생각에 덫을 달고 관점을 맞추어 살기 시작하면서 그때마다 색을 바꾼 덫으로 나를 보고 남을 보고 세상을 보는 것, 초점을 맞출 필요가 없어 굳이 같은 곳을 보지 않아도 보지 않는 것에 대해 들킬 일도 없는 것이어서 거리마다 덫을 파는 가게가 넘치고 덫을 전문적으로 씌워주는 사람들이 생겨나 게임하듯 같은 색이 모이면 더 큰 짜리가 되고 폭탄이 되다가도 슬그머니 끝나버리는…… 도처에 그런 덫이 죽순처럼 차오르는 것이다

환장할 노릇은 모두 다른 덫이라고 우기지만 사실은 손바닥에 붙어 빛을 내는 모서리 둥근 사각형의 죽은 것도 산 것도 아닌 것에서 나온다는 것이다.

○

○

○

승리

갈대 속에서
망촛대 하나가 하늘에 닿았다.
갈대밭에 씨가 앉을 때부터
먹먹한 사위 속에서
쉬지 않고 대궁을 밀어내
길게 길게 목을 빼 올려
마침내 하늘을 열고
하얀 단추 같은 꽃을 피워낸 것이다.
끝을 알지 못한 높이 위에
하늘이 열려있는 줄
망초꽃은 알고 있었을까

더덕

가는 싹줄에
아래로 매달린 족도리
꽃이었던가!
얼기설기 붙은 잎섶이라도 여미었나
땅심에 길들여져
다락 논 비늘 같은
돋을새김의 상흔들이
심란하다

고단한 겉살 걷어내니
백삼이라 했던가 하얀 속살에
저며 나는 뽀얀 진액
단내인가 쓴내인가

찐득이는 밤낮을 닦아내며
정수리부터 갈라보니
가슴 아래 길게 박힌 검은색 옹이

○
○
○

아!

너 어미였구나

흔적이 남을까

여름이 주춤거리지만
어쩌랴
나뭇잎이 웅성거리는데
건듯 불어오는 미풍에
얼굴이 홧홧할 테지
선 채로 계절을 만나는 생명이
한해를 수행修行하여 사리舍利로 영근
알알한 번뇌를 흘릴 때면
마음도 몸도 내려놓을 테지

초를 다투며 바빠야 하는
시간의 미로 속에서
지난여름의 뜨거웠던 입김들
흔적이 남을까

○
○
○

차향은 둥글다

사계절이 녹아든
동그란 호숫물
한 모금
잠시 내쉬지 않는 시간
헐렁해지는 마음의 여백
둥글어지는 오감

새 소리 바람 소리 햇볕 휘감는 소리
둥글게 손잡고 수월레를 돌다
가만히 내려다보는 허공 속의 마음 하나

○
○
○

가고 흐르고

"오늘은
유월의 맨 꽁지날이네예
내일은 칠월 허는 날이고
칠월 헐고 나믄 금방 가것지예
더버서 땀을 한 말쯤 빼고 나면 팔월 올끼고
어매 팔월은 더 덥을 낀데예"
"더불 때가 존겨
구월와봐 설렁한 바람 불기 시작하믄
금방 해 저문다카이"
정육점에서 내외가 잘라내는 한나절에
유월은 철철 흘러가고
강둑은 제 살을 허물어가며
장맛비를 담아내고
아래로 흘러 순응을 아는 물살은
화살처럼 날아가고

○
○
○

못

_정치면을 보다가

머리가 둥글다고 삶이 둥근 건 아니지
돌아 나오는 법 없이
얻어맞아야 구실을 하는 천형의 모습대로
가슴 가운데를 파고 들어야만 해
일방의 직선으로

빼지도 벗어나지도 못하는 한
세월에 삭아 절로 빠지거나
박힌 가슴이 먼저 허물어질 때까지
그만한 쇠심 없이 그 이름을 달았을까만

옹이가 흉터고 무늬가 아픔으로
지워지지 않음을 진즉에 알면서
서로의 가슴에
쾅쾅 머리를 때리며 빼내도 구멍이 생기는
못질을 하고 있지 않은가

○
○
○

오해와 편견

접힌 신문 광고란에서
참한 얼굴 하나
볼록렌즈 사진처럼 부풀고 오므라져
바르게 펴서 보니 나무랄 곳 없는데

아마도
무수한 것들을 접고 구겨 보면서
동서로 나누고 남북으로 갈라
옳다 그르다 맞다 틀리다 말을 붙여
눈을 내리깔고 살고 있는……

발돋움

대문 출입 허가증을 받아놓고
뒤꿈치 들고 막 성년이 된 아들은
무엇을 풀어내는지
해방구가 여럿 갈래다

시간의 톱날에 닳아가며
물청때 이끼처럼 껴입고
첫 마음의 열정을 돌아볼 틈 없이
뛰고 걷고 절뚝거리지 않아도 되는

좋다!
윤슬처럼 빛나는
저 풀풀한 날것의 돋움질

○
○
○

사찰 기둥

기왓장 하나를 들어보니 묵직하다
기둥 하나가 감당하는
저 무수한 기왓장의 수
위로 쳐 올라간 용마루엔
숫기와 켜켜이
고찰의 묵은 내력 이끼로 쌓아
합장으로 엎드리는데
여름 장마
젖은 물기가 채 마르기 전에
주렁주렁
셀 수 없이 매다는 저 메주덩이들
보태지는 무게가 한 겁이다
피할 수 없는 기둥의 업보다

○
○
○

깻대는 꺾이고 바람은 풀리다

허리가 잘린 들깻대를 다듬다

끓는 여름 낮볕을 먹었을 터
변절하는 밤바람을 마셨을 터
큰 잎, 꼭지 잎 나누어 따는 손톱에
푸른 물로 적셔내 토해놓은 숨
며칠간이나 이어지다

바람 서늘하다

○
○
○

최고장

승강기 목록번호 일동 일호기
명색이 넘버원인 주제에
그제는 아이스크림 막대가 끼었다고
끽끽 대더니
어제는 베어링에 디스크가 생겼다고
투덜거렸고
오늘은 메인 회로에 알러지가 돋았다고
아예 주저앉았습니다
이 녀석의 버르장머리를 오늘은
기필코 고쳐놓을 터이니
살피어 알아주시기 바랍니다
관리소장 백

○
○
○

달 항아리

자울림 전시회
낭창 걸음 꺾을 자리쯤에
지름이 이십오 센티나 될까 싶은
둥글기도 해라 달 항아리
고개 돌린 여인처럼 차가운 듯
청자색비추다
가문 날의 해 질 녘 언뜻 왔다가는
보랏빛 감돌다
속내는 순백의 흰 빛일까

물건에 욕심 없는 줄 알았는데
곁에 두고
눈길 갈 때마다 미소 짓고 싶은
둥근 마음 하나

○
○
○

무상無常에 대하여

길 잃은 개만 봐도 종일 염려하는
선희 씨는
집 앞 산책길에
잠시 무심한 사이 한눈박이 순돌이가
도랑으로 떨어져 사경을 헤맸다
십오 년을 함께한 정이야
사람 병원비보다 비싼 것을 논할 바 아니고
두 달을 간병으로 끙끙대다 앞산에다 묻고서
돌아가신 어머니보다 더 생각나는 것이
무슨 까닭인지 모르겠다며
자주 앞산을 들렀는데
석 달이나 지났을까
파헤쳐진 순돌이의 백골을 보고서
일주일을 앓아누웠다

형상의 덧없음을 생각하게 되었다며
입술 부르튼 선희 씨는

○
○
○

제행무상에 대해

깊이깊이 고뇌 중이란다

○

○

○

자목련

세상만사가 간지러운 사월의 새벽에
자색 치마 사이로 슬깃슬깃 흰 속치마가
간혹 뒤집히며 보였지요

바람막이 없이도 살아보려고
어설픈 세간들을 이리저리 엮어보던
쌀뜨물 같던 살결에 앞치마가 넉넉했던 새아지매
가문을 이별하던 날의 뒷모습은
소리 내지 않는 봄비처럼 눅젖었지요

전날 밤
꽃떨기처럼 벙글던
함박웃음도
슬플 수 있다는 걸 그때 알았지요

○
○
○

독백

찬기 없는 겨울바람이
설핏 불어올 때
오롯이 올라오는 외로움으로
스스로 흔들릴 때
동면하는 나무도 해가 그리울 때 있다

이월의 달빛이
차가운 청자색이란 걸 안다면
그 달빛에 기대어 생을 거는
날짐승의 곡진한 날갯짓도 알 텐데
일몰 해설解雪빛에 목울대가 젖다니

늦겨울 눈발 같은 가벼움들만
출렁대는 거리에서
고독한 이월의 회색 발바닥을
고개 숙여 들여다 본다

후회

생각해 드릴 걸
아이였고 소녀였고 새색시였다는 것을
왜 그러냐고 윽박지르지 말고
조용조용 차근차근 설명해 줄 걸
시답잖은 내 얘기 하며 힘든 내색 말고
억울한 일 없었냐고 한 번만 물어봐 줄 걸
가슴 떨린 첫사랑이 아버지였었냐고
그런 얘기
시절 배경 보태가며 눈 맞추고 들어라도 줄 걸
탯줄 단 이후의 수많은 날 중에
하루도 온전히 내어드리지 못한 어리석음
하룻밤만이라도
당신을 만날 수 있다면
한 이불 덮고 누워 한세상 살아온 얘기
원 없이 들어드릴 텐데

이제사

○
○
○

왜 이제사 어머니가
아이였고 소녀였고 여자였음을
하얀 찔레꽃 흐드러진 오월
딸아이 내 키를 훌쩍 넘어서야……

○
○
○

모습

야외화장실 유리천정에 떡벌 한 마리
혼신의 힘을 다해 탈출을 모색한다
하늘과 구름, 바람 타고 노는 나뭇잎
훤히 보이는데
쉬었다 다시 지치도록 퍼덕이는 간절함

알고 있을까 유리가 지붕일 줄
느끼고 있을까 알 수 없는 투명의 장벽
깨닫고 있을까
꼭대기의 도전에 빠진 허망의 날갯짓

들어온 창문은 열린 채 있는데
무엇을 쫓다 길을 잃을까
낮추어 돌아보는 법을 잊는 걸까

춘목春木

반짝이는 것보다
은근을 좋아하는 너는
오는 것에 녹아들 뿐 가는 것은
숫제 알기도 어려워

제 고뇌가
겨운 침묵 속에 녹아
미소로 번져 나오려면
햇기침 같은 경계의 홍역으로
무심한 하늘에 수십 번 눈길을 줬을 터

좀체 은근을 배신하기 어려워
켯속을 열고
비린 눈이 꽃 순이 되기까지
꼬박 몇 날을 보냈는지
그래 또…… 봄

○
○
○

강물

산제비꽃 뿌리에서 나와
그림자 없는 생명의 숨소리 듣고서
여린 새순에 입맞춤

침샘 솟는 꽃밭 지나
푸른 그늘을 끌어안고
별의 가슴에서 이별의 인사 나누고서
마른 나목을 휘돌아
모두를 품으로 잉태

흐를수록 하나가 되는 순리
아문 가슴이나
아물지 않은 가슴이나
아래로 너울지는 물줄기 있어
도랑이건 개울이건 시내건
흔들린 시절들을 품어 내는
의식의 밑변

○
○
○

누가 그 몸을 밟지 않고 도하를 꿈꿀 수 있는가
사는 일을 완성할 수 있겠는가

○

○

○

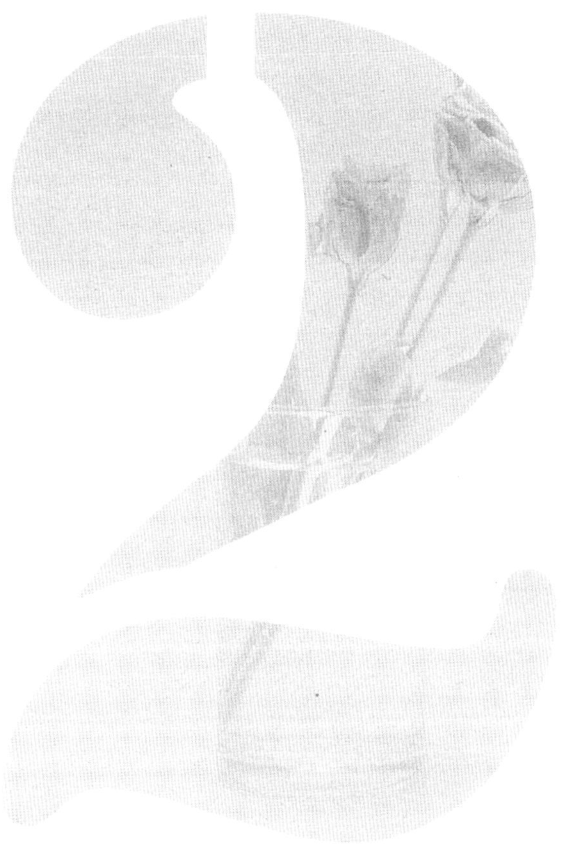

2 고요한 파도

○

○

○

정구지 _ 승부 _ 봄꽃 _ 얼레지

흐리고 비 _ 낙화 하루

유월 붉은 장미 _ 여름

가을전염 _ 추석과 과꽃

단풍 _ 눈길 걷다 _ 상념

가을 발걸음 소리 _ 가랑잎

겨울 봄 사잇길 _ 꽃샘추위

삼월에 내리는 눈 _ 춘풍

정구지

우주죽 자란 부추가 생각난 게야

갑자기 입원한 아비를 보러와
멀뚱히 서서 입으로 하는 비겁한 효도를 모르는지
자식 손에 들려 보낼 거리 생각하다가
밥 맛 없다 시던 그 잠시 사이 지네같이 발을 달려
장보자기에 담아온 부추 석단
어느새 가지런한 몸단장에 노끈 리본
신문지 옷까지 감고 있다

침상 위 저 사람은 남자인가
한 묶음 마른 시래기처럼 매달려 바스락대는
저 사람은 여자인가
남자도 여자도 잃어버리고
온몸 숭숭이돌처럼 바람 들락인지 오랜데
동아줄처럼 남은 어미와 아비가
허둥지둥 집을 나설 그 순간에 언뜻 보였나

○
○
○

앞마당 우주죽 자란 부추를 떠올린
휘발하지 않는 그 마음은
대체 무슨 빛깔일까

저녁 하늘을 다 적시는 노을빛에
대뜰에 흩어 누워 흰머리 말리고 있을
추려진 부추 꽃대가 자꾸 어른거린다

○
○
○

승부

가지 끝까지 자존심 하얗게 날 세워도
아래에서 치고 올라오는 것을 이긴 적이 있는가

무엇이건 위에서 누름보다
아래에서 솟구치는 것으로 역사는 흐른다
사는 일도
늙는 일도
흐르는 강물도

입춘 지난 세밑
천하 대지에 눈 폭탄을 퍼부어도
발 아래서 꼼지락거리며 머리 올리는
연초록 한 잎에 무너지는 힘의 균열

수레는 같은 속도로 돌고
발맞춰 걷는 생명은 늘
설렘의 힘을 품은 아래가 무서운 거다

○
○
○

봄꽃

일 년에 한 번은
침 튀기며 해댈 말이 있나 보지요
회오리바람 찬 매질 참아 내자면
그만한 한이야 없었겠어요
피 토하는 내 속의 할 말이 꼭 붉어야만 하나요
앉은 대로 선 대로
가문의 자존심은 지켜가며 퍼부어댔지요
사람들이 뭐라 이름 짓던
할 말을 하고 있을 뿐이라지요

○
○
○

얼레지

꽃날개 옷
뒤로 열어젖히는 뜻 내 알지
햇빛 좋은 한낮에
바짝 올라붙은 뜻도 내 알지
온몸으로 온몸으로
날갯짓 소리 앵앵 내면서
몸 더듬어 주길
햇살 빌려 하는 기도라는 걸

곰배령 바닥에 바짝 붙어
너희끼리 너희끼리
온 힘을 다하는 아우성으로
기어코 삭과蒴果를 퍼뜨린다는 걸
해마다 해마다
가뭇없는 바람 내 알지

○
○
○

흐리고 비

장사하다 실패하여
신불자가 되었다는 젊은 미화원
처음 하는 일이라고 허둥대더니
날마다 날마다 한 줌씩 빠져
서너 달 만에 깊어진 쇄골

사람에게서 상처를 낳고
생채기에 딱지 앉을 사이 없이
꿰맨 상처마다 굵은 눈물 떨구며
마흔이 갓 넘은 어깨 들썩일 때마다
노을빛 머리카락 흘러내리네

흔들리는 영혼
발끝에 절망을 달고 미로에 갇힌 그에게
괜찮을 거라는 토닥임은 사치일 뿐
사랑을 묻혀 누림을 나누면
다홍의 웃음을 볼 수 있을까

낙화 하루

오만하게
나무에서 직행으로 피었다가
한정 없이 꽃비로 내리는데
고개를 약간 들고
바람 저으며 걷는 호사를
생에 몇 날이나 누려본다고
사월의 하루가 지체 없이 지고 있나

○
○
○

유월 붉은 장미

빛바랜 흑백사진 속의
쪽머리 진 엄마가 잠시 오셨네
맨발로 안긴 아기가 하각 웃고
그 위에 햇살가루 퍼붓네
목젖 보이는 웃음으로 담장을 넘어
마음껏 도드라진

빛나는 청춘의 복사뼈

여름

솥단지 안에서 굵은 멸치가
벌어진 아가리로 후후 김을 뱉어내
설설 끓는 물 속에 제 육신을 우려내느라
때론 외톨이 더러는 떼 지어
와글댄스 속에 익어가고 있다

○
○
○

가을 전염

바람붓이 쓰윽
한 획을 그으면
점점이 붉은 먹물 사방으로 번져
집 앞 화단까지 점령하더니
마음속까지 침투 하누나

변태하며 조금씩 말라가는
성숙의 단계
부스럼 두드러기로 꽃피우는
익음의 결정
가슴에 바람이 일어
머리를 헐렁하게 만들고
허한 웃음을 흘리게 하는
돌림병이 번져……

○
○
○

추석과 과꽃

노염이 짙어
쿨럭 뱉어내는 숨길이 척척 늘어지는데
들렁들렁한 마음 바퀴 달고
산허리 돌아 홍조 띠는 감나무 손길 주며
들어서는 앞마당 맨드라미 붉어라

그리움의 원천으로 달려와
유년의 흔적 속을 배회해보지만
대개는
마음이 아픈 사람이
몸도 곱등이가 된다

발을 포개고 자던 때는
흐드러진 웃음이 방이며 마당에
멍석으로 깔렸었는데
저절로 들리는 귀엣말들이
심란하다

○
○
○

개발된 땅도 고층아파트도 없던
가난했던 그 시절이 그리운지
해일처럼 밀려오는 황금빛을 안으며
담장 밑 과꽃만 붉어 붉어간다

○
○
○

단풍

하필이사

봄꽃보다 아름다이
입술보다 붉디붉어
화산처럼 타내려와
하늘하늘 춤추며 바짝 마른 몸으로
야시런 소리로 밟히는 것이
맨몸으로 뒹굴며 겨울을 불러대는 것이
아름답다 한마디로 되겠냔 말이지

어디서 어떻게 시작됐는지
서서히 불길로 번져와
아수라장으로 온 산을 다 태울 판인데
가슴 머리 눈빛으로 불똥이 튀고
뉘엿 노을이라도 보탤라치면
도무지 속수무책이단 말이지

○
○
○

눈길 걷다

하얗게 덮여
아름다운 줄 알았습니다
한나절 볕에 속내를 보고
한걸음 옮길 때마다 조바심
넘어지지 않으려 아래만 살펴
미끌할 때마다 팔을 휘저었죠

지그덩 미끄러집니다
다친 상처에 피도 언뜻 보입니다
그렇다고 엎드려 있을 순 없지요
일어나 고개 들어보니
비로소 주위가 보입니다

욱신거리는 몸을 털며
넘어진 그 땅을 짚고 일어나
가던 길을 걷습니다
그렇게 걸어가고 있습니다
여기서도 저기서도

○
○
○

상념

그리움이
그림자로 동행하는 시월이 오면
마음속 돋을새김으로 사는 이들을 불러내어
눈 맞추고 싶어요
눈빛만으로 다 알 수 있는 것을
제 고집에 잡혀 고만큼에 머물렀던
토막토막 매듭들과 더불어 걷다 보면
솟구치는 것도
내려 흐르는 순응도
경계를 넘어 둥글어질까요

마지막 우화가 이울 즈음이면
절로 풀어질 것을
타래로 꼬아놓는 어리석음도
분분히 내려놓는 가을 나무처럼
아름다운 작별을 꿈꿀 수 있을까요

○
○
○

시월이어요
가을 짙어요

○
○
○

가을 발걸음 소리

가을이 걷는 소리 들릴 때마다
가슴이 물리적으로 아플 때 있다

잡초들의 서른서른 갈무리
외다리 아비의 허허한 웃음
차마 뱉지 못한 사연들이
마른 잎을 안고 뒹구는
길 위로 들리는 소리

가난한 누이와 형들이
얇은 점퍼의 지퍼를 올리고
젖어오는 목젖의 침을 삼키는
자신에게 인색한 어머니의
비린내 풍기는 머릿수건 터는
걷다 지친 아버지 눈에 안개 흐르는
하늘가로 들리는 소리

○
○
○

짧은 가을 해가 숨을 고를 때
가슴에서 부서지는 가랑잎
물리적으로 아파 오는 바람 소리 내며
가을은 또 발자국을 옮기고

○
○
○

가랑잎

내려놓고 비워간다는 것은 별과 더 가까워지는 것이다
더는 부여잡을 한줄기 앙금이 없어질 때
스스로 내세우는 마지막 자존심이다
등 시린 바람이 건듯 할 때부터
눈을 감았거나 가늘게 뜨거나
세상만사를 알고 있던 팔월의 보름달이
불우리를 만들며 크게 한번 웃어줄 때부터
목 메일 것 같던 설움들도 울대 크게 삼켜지더니
문득 내 속에 있던 별을 들여다봐 지더라
내려놓음의 숙연한 아름다움
달이 한 번 숨을 내쉬면
땅이 한 번 숨을 들이쉬듯이
바람 없는 파문으로 스스로 내려오면
별빛이 한 번 반짝인다는 것을
아! 붉은 노욕마저 놓아야 할 때 알게 되다니
그림자도 동행하지 않는 가난한 마음일 때야
별이 될 수 있다는 것을

○

○

○

뒤집고 굴러도 거칠 것 없는 단호한 빈손일 때야
나만의 빛을 낼 수 있다는 것을
사르륵…… 그 얇은 소리

○
○
○

겨울 봄 사잇길

마른 가지라 해도
짱짱하게 일어설 싹을 품고 있어
겨울 산등성이가 그리 멋졌구나

겨울은 봄 딸이
반드시 돌아옴을 알기에
햇살이 창을 뚫고 퍼지도록 겉옷을 벗는구나

꼿꼿이 고개 드는
제비꽃 자존심을 세워주려
바람은 찬기 빼고 가슴으로 불었구나

설 지나 얼음 성성할 때도
냇물은 버들강아지 보풀 키우도록
아래로 밑으로 흘렀구나

네가 있어 내가 있음을 알기에

○
○
○

또도독 또도독

너에게 나에게 안부를 묻고 있는 거구나

○

○

○

꽃샘추위

물러나는 이의 자존심을
돌아오는 이의 겸손을
시샘이라니!
첫사랑처럼 지지고 가는
이름도 고으네 꽃샘

○
○
○

삼월에 내리는 눈

고개 올린 산수유가 토라져
치켜뜬 노란 눈꼬리가 보이지 않을 만치
함박눈에 덮였습니다.

꽃망울로 봐서야 그리 오래 서운치는 않지요
물 올리는 가지 끝에 설화를 황홀토록 피워내도
내일이면 저버리는 꽃이란 걸
황사 바람도 알 테니까요

펑펑 내리는 눈에 삼월이 다 묻혀도
잠시 모였다 흩어지는 구름같이
아이였다 다시 아이로 돌아가는
인생같이
금방 녹아내릴 함박눈의 애잔함이
그래도 너무나 곱습니다

춘풍春風

잘 가거라
불면의 밤들아
그만 잊으라
삼키지 못한 말들아
해제하라
검은 밤의 싸아한 외로움

침묵에 빠졌던 나무가
어스름 저녁 빛에 가슴을 열어
"봄" 자 하나 머리에 이고
기필코 이겨내고 돌아와
천하를 평정하며 훑고 지나가면
환영 인사는 직행으로 터지는 꽃들의 갈채

○
○
○

3 돌처럼 바람처럼

○
○
○

새해기도 _ 입춘 눈 _ 이월 넋두리

사월의 소리 _ 슬픈 오월 _ 오늘

그날 토요일 날 _ 여름 성묘 _ 세월

장마 전쟁 _ 개기일식 _ 입추

가을 산책 _ 문경 풍경 _ November

십이월의 퇴근길 _ 이별에 붙여 _ 섣달 즈음에

새해기도

햇살과 하늘을
한 달에 한 번씩 이라도
그 빛깔의 눈으로 보게 하소서
바람처럼 자유로운 가슴으로
사실은 여린 마음 다치지 않게 하소서
작은 것에도
그 의미를 소중히 생각하여
자연의 수레길
같이 걷고 있음을 잊지 않게 하소서
상대방을 인정하는데 인색하지 않고
다가올 것에 대해 긍정하게 하소서
무엇보다 건강하여
사람의 가치를 잊지 않게 하소서
늘 씩씩하게
즐거움을 먼저 생각하여
아름다이 나이 들게 하소서

입춘 눈

봄눈 옵니다
어찌 이리 고운지요
누구나 고독히 홀로 있을 때
저 밑바닥에 숨어있는 순결한 마음들이
아득한 곳에서 모였다가 함박웃음을 웃나 보지요

있었지만 잊혀진
아이의 웃음 같던 고운 빛의 순수는
언제나 밀쳐지고 팽개치고 덮여 버렸지요

덜 주거나 더 주거나 강약 없이
시간은 늘 같은 두께로 곧게만 가는데
무엇이 더 바쁘고 덜 바빴을까요

이름도 고운 눈 와요
겨울이다 봄이다 분분한
키 작은 이월에

○
○
○

세속에 닿으면 소멸하는 흰 웃음이

펄펄 내리고 있네요

○

○

○

이월 넋두리

세세한 손끝까지 다 벌리고
햇살 기도 중인 나무들은
빽빽한 숲속에서도 공간을 나누고
어우러져 사는 법을 아는 데요
신문 속에선 너 죽고 나 살자가
날마다 재생하고 있네요
아이들은 공부 속을 헤엄치다 지쳐 앉았는데
입장의 벽은 높고 입장료에 허리는 욱신거려요
모든 이름의 세稅는
때도 없이 눈처럼 폭탄으로 퍼붓는 데

그래도 알아요
입춘 지났고요 바람 냄새 다르고요
흐흐 웅숭거리며 오는 소리 들리거든요

○
○
○

사월의 소리

남녘의 봄동 냉이가
낮은 포복으로 올라온단 소문을
바람이 싸질러 삽시간에
"야야 쟈쟈" 하면서 들불처럼 번져

단단함을 뚫어내는 부드러움의 혓질 소리
산수유 개나리 호들갑에 목련 궁둥이 들썩이는 소리
늦을세라 진동한동 웃어 젖히는 살구꽃 침 튀는 소리
하늘에선 요란스런 난봉질 소리
밀당 바쁜 밤낮의 재채기와 하품 소리
참견에 바빠 누렇게 떠서 투덜대는 바람 소리
끙끙대는 봄 산의 앓는 소리
가도서도 못하는 두 발들의 신음 소리
사월, 귀 아프게 시끄러운데
새내기 흰나비 날갯짓 소리 보태고 있다

슬픈 오월

_세월호 희생자를 추모하며

펄떡이는 잎맥의 푸른 은행잎
젖은 땅에 떨어져 떨고 있다
간밤 돌개바람에 어쩌다 나무는
푸른 오월을 통째로 놓아버렸나
사월의 겨울과 오월의 태풍
절여진 가슴의
소금 기둥은 끝이 없는데

초파일이었구나
매달린 빈 등이 출렁출렁 울고 있다

○
○
○

오늘

행복웨딩홀과 하늘공원장례식장 사이로
힐끗 눈 맞춘 하루가
고아高雅한 파문으로
이별의 장식이 화려하다

선 자리에서 하루를 보내는 나무와
백 킬로 속도로 움직인 내가
같이 듣는 하루의 붉은 노래 여운이 길다

온갖 소리에 자맥질이 바쁜
행복웨딩홀을 걸어 나오는 이는
하늘과 산의 경계가 말간 삼월의 해거름에
하늘공원장례식장으로 들어가는 이의 과거

높고 두껍다 커나 낮고 얇다 커나
겨울 가고 봄 오고
맑음 흐림 비 빈틈없는
어제의 내일

○
○
○

그날 토요일 날

(2009년 5월 23일)

그날 토요일에 예식장엔 결혼식을 올렸고, 붉은 장미는 지치도록 피어 울타리를 넘쳐흘렀고, 복권방에는 로또번호를 맞추고, 나뭇잎은 꽃보다 곱게 흔들렸고, 비는 막 그치면서 햇살을 내질렀다 접었다 했다

눈은 시선 둘 곳 모르고, 무슨 일을 하려 했는지 모르겠고, 점심시간이 지나가는데 오감은 자리를 잃었고, 사방이 조용해진 지 오래고, 빈속에 소주를 두어 잔 마시면 이 낯선 우울의 실체가 뭔지 보일까 하는 생각이 조금 돌았다

이상하도 힘이 더 들어간 동공으로 보인 하루는 바람은 반으로 나뉘지 않았고, 별은 굴절되지 않았는데 혹시 모르겠다. 누군가 바람이 꺾여서 불었다던가 햇살이 차별하여 비추었다 할지도……

○

○

○

여름 성묘

소의 코를 닮은 쇠비산의 인중쯤일까
기슭의 밭을 깔고 나란히 누워
덮어쓴 망초 꽃 화관이 땡볕처럼 웃는다

유년의 쇠비산밭은 목장처럼 크더니
뙈기밭으로 보일 만큼 세월을 보내긴 했구나

저 밭고랑마다 넘실대던 콩잎이
가장자리 도라지와 더불어
말끔한 아랫도리 자랑하며 재재거릴 때
감나무가 눈길 주며 같이 웃곤 했는데

한가득 바랭이 풀만 제집으로 자리 잡아
북성으로 낡아가는 칠 남매의 쇠비산밭을
봉분으로 지켜보는 아부지 엄미는
땡볕처럼 웃을 수밖에 없는 거라

○
○
○

세월

곁눈 한번 없이 앞만 보는 매정한 직선
사라진 어제 캄캄한 내일 그래서 너와 나
욕심의 심지가 놓아지지 않나보다

때로 탓이라 하고
때로 덕분이라 하고
그럼에도 무엇에나 너무도 공평하여
스스로 길이 되는
나침반 없는 물줄기

수많은 이름의 인연을 걸고
씨줄 날줄 엮어진 인과因果 속에서
사실은 혼자서 걸어가는 길
스스로 일으킨 먼짓가루
외로움 주머니에 채워가며
기대다 주저앉다 노래하는 흰 소맷자락의 너울

○
○
○

입춘 바람이 내는 고음의 휘파람 소리 들으며
그 길에 기대어
햇살 한 줄 잡고 쉬고 싶은 한나절
누가 이름을 그리 붙였을까

○

○

○

장마 전쟁

숨소리가 쩍쩍 달라붙을 때는
조금 기다리기도 했었지
이것저것 연민의 감정이 있었어

매미와 빗줄기의 밤낮 없는 대결은
생각보다 치열하더군
뙈에~뙈대댁 목청을 가다듬어
나무든 방충망이든 가리지 않고 붙어
진저리친 고주파를 쏘아대면
후두둑 소금 치듯 하더니 날을 세웠어
무기를 바꿔가며 퍼부었지
망사 깃발 흔드는 잠자리 시위에도
진양조로 흐르다 휘모리로 때리더군

비를 좋아하던 옛사랑의 기억도
질겅질겅 떠내려가고 여름도
곰팡이 발포에 비명을 지르며 지쳐갔지

○
○
○

근 스무날 넘도록 포화 속의 진군이었고
국지전 게릴라전을 치면 두 달도 넘을 걸
하늘과 땅 사이 씨줄 몇 군데가 터진 게 틀림없고
누가 그 줄을 끊었는지 설왕설래했었지
근데 말이야 일거에 평정한 점령군은

까칠하게 다가온 바람이었어

○
○
○

개기일식

단 한 번이라도
불타는 그대 몸을 안아보고 싶었어요

긴 세월
낮달이 되어 다가서면
붉은 혀의 너울에 하얗게 질려
눈빛조차 마주하지 못했지요
밤으로 그댈 좇아
홀로 짓는 한숨으로 바닷물을 당겼다 놓으며
그대가 한번 돌아볼 때마다
열두 번씩이나 까무러쳤다 되살아났지요

희망과 절망의 가슴속에
끊을 수 없는 관계 그대를
얼굴부터 무릎까지
설익은 한나절을 꼭 껴안았지요
다이아몬드 가락지를 얻지 못했을지라도

○

○

○

눈 멀지 않게 그림자로 안았을지라도
길고 긴 기다림 속의 짧은 만남
바람도 잠시 숨을 멈추었다지요

○
○
○

입추

왠지 설레지 않나요?
"입추" 이 단어가 입안에 머물면

이때부터 바닷물이 차가워진다죠
해 길이는 아기 발자국만큼씩 짧아질 거고
사과가 조금씩 붉음에 젖을 때
잎은 한 톨씩 초록을 털어낼 거고
노염이 수염을 휘날린다 해도
건듯한 바람 한 올에 밀려가겠죠

우리네는
용서가 조금씩 자라날까요?
익느라 그랬다고
익을 때는 조금씩 미치는 거라고
그 여름의 일들도 그런 거라고
그렇게 성숙해지는 거라고

○
○
○

다붓한 바람이 토닥여주면
목을 길게 빼고 꽃을 피울까요

○
○
○

가을 산책

누군가에게
햇살 같은 귀인이 되고픈 날
마른풀조차 황토색을 띠는 순리를 좇아
바람 동행하여 걸어보고 싶네

마당 있는 남의 집 곁눈질하여
눈에 익은 꽃 이름 중얼거리며
유년시절 내 마당과 추억하여 보네

저 찬란한 빛깔들의 아름다움이
다만 덧없는 이별의 산란함인줄 알아
겸손하게 내려앉은 숲길을 걸어
소중한 것은 보이지 않는 거라고
주련처럼 드리운 담쟁이들과
나직이 속삭이고 싶네

세상을 굴절하여 보는 이기심을 지우고

○
○
○

모두 다 외로운 거라고
바람도 외로워 흔들리는 거라고
굴참나무 팔 아래 내 어깨도 내어주며
잊고 지낸 것들에 대한 감사와
나목으로 털어내는 정직한 가난을 꿈꾸어 보네

○
○
○

문경 풍경

지난밤 별들이 내려와
싹 쓸어놓은 은행나무 아래
알알이 보석으로 남아
갈 길 뜸 들이는 새벽달 올려보네
마을은 홑이불로 덮고 있던 운무를
끌어당겼다 걷어차며 산허리 휘돌리고
하늘은 가만가만 색을 바꾸는데
원색을 씻어낸 첫물이네
어찌 알았을까 밤이 지는 줄
새들은 날개 펴며 옹알이하고
늦잠 잔 귀뚜리 목이 쉬었네
희양산 살결 같은 바위는
멀리 동해에서 뻗어 나오는
햇살 첫가지 잡을 때부터
살살 낯붉히는가 싶더니
온 문경을 내려 보듯 환하게
환하게 미소 짓기 시작하네

○
○
○

가을은
산 타고 오는 것이 아니라
사분하게 제 몸에서 생기는 거라고
벚나무잎 건드리고 온 바람이 전해주네

November

저음이 흐르는 11월엔
언어의 옷으로 된 외피를 걷어내고
심연의 줄을 타본다

억새밭에서 길을 헤맨 바람의
긴 숨이
막 옷을 벗어 가려운 나무들을 쓸어
젖어 드는 밤의 첫 몸 위로 흐르고
고독은 어둠만큼 늘어진다

공명으로 울리는 저음은 울림통이 크다지
늑골에 힘을 주고서
통속한 삶의 통증을 누리며
당당히 고독해 볼 일이다

○
○
○

십이월의 퇴근길

건물과 건물 사이
잦아드는 저녁노을이 어스름
속눈썹을 떤다
낡아버린 하루가 쿨럭이며 흐르고

주춤주춤 일터의 빗장을 닫고
주머니에 손을 감추고 걷는 걸음에
땅바닥은 바자작 소리를 내며
눈과 얼음 사이의 존재를 알린다

무엇에 꿰여서 가고 있는 걸까
저녁 풍경은 수묵화로 번지는데
저무는 시간 속
선달 중간쯤의 퇴근길
버석한 빈속이 울렁거린다

○
○
○

이별에 붙여

이천이년에 태어난 너를 만나
원주에서 광주까지 하루 이백 킬로 2년
안성으로 주말마다 3년
분당에서 광주까지 날마다 십이 년
고향 경주까지 수차례
39만 킬로의 세상 속으로
온전한 내 편이 되어 업고 안아주었지

속울음 겉울음 다 받아준 너
내밀한 얘기 모두 침묵으로 지켜준 너
내 상념의 팔 할은 너 안에서
붉은 진통을 겪고 시로 태어났었지
언제나 믿고 기대도 배신을 모르는
나만의 휴식처 보금자리였는데

힘주어 달릴 수 없는 너의 몸
너의 기침으로 뿜어 나오는 독성이

○
○
○

고지서로 처방되어 날아오는구나
룸미러에 걸린 연꽃 한 송이
너의 장례에 올려보낸다
잘 가거라
언제나 나를 최고로 아껴준 이칠오구 산타페야

○
○
○

섣달 즈음에

일 년이 아쉬운지
아기 눈이 솔솔 내려
세월처럼 쌓이고 또 사라져
겻속을 알 수 없는 분장의 마술 속에
시간 위에 덧칠되지 않는
감출 수 없는 뒷모습

매사 어설퍼
더딘 만생종의 심란 속에
그림자 마주하고 되짚어 걷는 길
자국마다의 얼룩
더러 닦이고 더러 남고
그리하여 또
스쳐버린 다사다난

○
○
○

4 모두가 사랑이어라

우리 언니

천재 같은 딸을
왜 중학교에 보내지 않느냐고
찾아오신 선생님이 사정해도 아버지는
딸이라고
고모들도 안 보냈다는 할머니 말씀에
천자문부터 사서삼경까지 죽도록 한문만 가르쳤다
학교에 한이 맺힌 국졸 언니의 세 자녀는
대학행정관, 학교교사, 대학교수로
학교 속에 묻혀 산다

언니는 아버지를 놓아드렸을까?

어깨를 두드리며

그냥 흔적을 남기는 거다
도화지를 채우듯이
쉬지 않는 바다의 물비늘처럼
그렇게 철석이며 사는 날을 채우는 거다

레일 위를 걷다가 칼바람 만나면
허공에다 헤엄치며 휘청대는 거지
비틀거린 흔적들이 잔주름이 되고
마침내 굵은 훈장이 되는 거다

사방이 흔들거리는 것은
비틀거리며 걷기 때문이지
의식 저편에 흐르는 시퍼런 강물의 힘찬 박동
내려놓지 말기를

세상의 모든 이에겐
주름이라는 훈장이 있다는 것을 잊지 말기를……

○
○
○

그리움

뒤 정지문 살짝 밀치면
색깔 부드러운 단지 하나
호기심에 열어본 단지 속엔
어린 열무 자질박히 숨죽고 있었지
밤 내 별빛이 고여 있었나
달빛이 녹아있었나
포로하게 익어가던 향
배 안고 욕지기 심할 때
복받치게 맡고 싶던
어린 열무김치 익어가던 향
엄마 손길 없이는 다시 못 맡을 그 향
나지막한 재유단지가 품어내던
포로오한……

그리움 2

수많은 그리움 중에
당신의 한마디가 그리울 때
촛불 같은 음성으로
괜찮다고 지나갈 일이라고
일깨워준다면
동토를 채운 마른 가지로 서 있다 해도
춥지 않을 것이어요 아버지!

○
○
○

어떤 만남

직원이 연차 턱을 낸다 하여
대구뽈찜 집엘 갔다
대양을 헤엄쳐야 할 대구머리 하나가
벌건 양념에 콩나물을 걸치고 널브러져 있다
어디를 헤엄치다 내 앞에 왔을까
어디를 가는 길에 너와 마주하고 있나
어디를 돌고 돌다 너는 나의 점심거리가 되었을꼬
양식이 되고 허기를 채우는 우리의 인연은
어디에서 비로소 시작되었을까나
대구 머리와 시름하며
먹고 난 뽈찜 접시처럼
난삽해진 상념이 묵직하다

○
○
○

함께했다는 것

선풍기가 목에 부목을 대고
끌끌 소리를 내며 돌아간다
회전기능 따위야 망각한 지 오래
이십오 년의 여름날을 함께한 사람들이
툭툭 건드린 손때가 약풍에서 강풍으로 묻어나
누런 벽지 같은 피부에 새겨진 이름은 신일
목덜미 잡힌 채
재활용 댁으로 들려가다가도
총각 때부터 치대온
세월의 되새김에 되돌아오기를 몇 번

한쪽만 봐야 하는 병든 모가지
그래도 그해 둘째 나던
제일 덥다 던 구십사 년도
그 바람 하나로 버티어 냈던 시절
동고락의 세월이 날개에 매달려 돌고 있다

○
○
○

사람이나 물건이나 놓아야 할 때 놓지 못하는
우라질 놈의 정

사람人

인삼을 씻으려고
담가 놓고 보니

....

좌우지간
人자가 들어간 건
무엇이건 속이 시끄럽다

○
○
○

광덕사 목탁 소리

어두운 구멍 속
눕혀서든 세워서든 무명을 걷어낼 수 있게
둥글게 미소로 열린 통문
울릴 때마다 속에서 이는 공명이
고·집·멸·도·고·집·멸·도 노래를 한다
희한하다

○
○
○

금왕리에 앉은 부부

육칠십을 걸어오며
그려온 마음의 무늬
겉바람 속바람 애태우던 헛바람
소나무 한 가지에 걸어두고서
골골이 산자락에 풀어낸다

태생이 서울이라
날 섯던 두려움도
아랫집에서 건넨 김치 한 보시기에
녹아 버렸고
새까만 밤과 보석 같은 별과
싸안고 도는 바람과 울렁 사랑도 했단다

그대 있음에 내가 있어라
훈장 같은 주름 손 마주 잡고
수선화 다듬으며
동토의 알뿌리를 비로소 꺼낸다
금왕리에서

○
○
○

상처

아침고요 수목원으로
봄나들이 가는 날
일 년을 기다린 경로당 어르신들
차려입은 외출복이 초록으로 염색 된다

소주잔이 돌고 노랫가락 엮는데
치매의 그림자 업은 할아버지
"저는 노래를 부를 수 없습니다
이곳은 가평전투 때 치열히 싸우다
잃은 전우가 수십 명 저는 살아
이곳으로 소풍가는데……"

육십년 넘는 세월
치매의 그림자도 지우지 못한
전쟁의 상흔
나을 수 있을까

우리는

강아지풀 토끼풀 소루쟁이 쇠뜨기
이름을 달지 못한 포자 한 알
서로 모여 풀숲을 이루고
강아지풀 쇠뜨기 무시하지 않고
토끼풀 패랭이꽃 부러워 않는다

고개를 숙이거나 목을 빼지언정
바람이 휘어 분다 하지 않고
볕이 차별한다 하지 않아
숲이 되고 초록이 되고
동색이 된다

풀이니 잡초니 떠들면서
온갖 것을 마디마디 나누어
차별하지 않는지
동색인 줄 모르는지
알면서도 아닌 척하는 것인지

○
○
○

지월리 레반트

웃자란 푸름이 넘쳐
지천으로 짝짓기가 한창인데
마루 밑 시멘트 바닥
실금 같은 틈에
지각으로 핀 씀바귀 꽃은
햇살 조각 좇아 고개 젓느라
얼굴이 노랗다

건너
강물은 일렁이며 해를 적시는데
빈티지한 불빛
빈티지한 탁자 위
시인들의 까만 고뇌가
하얀 종이를 토닥이며
늙이 낡은 문살을 채우고 있다

레반트: 경기도 광주시 초월읍 지월리에 있는 카페 이름

○
○
○

위로

장미만 꽃이겠나
제비꽃 나팔꽃도 꽃이지
해바라기만 바람 맞고 폈겠나
찔레꽃 들국화도 바람 속에 핀다
얘도 쟤도 꽃이고 바람 안고 사는 거지

해를 잇는 사람들

가장 몸 낮추어 일하는 사람들의
송구영신送舊迎新 자리
가물한 기억의 아주 흘러간 노래와
트로트의 만찬이 어우러진다

누구나 찬란했던 청춘의 흥이
몸짓으로 배어 나온
굽은 등허리의 움찔거림이
시리고 또 아름답다

세상은
꼼수가 더해지는 저 높은 곳의
현란한 말의 주술이 아니라
굳은 손의 숨결로 밀고 당겨
둘러보는 배려를 습성으로 알아
슴베를 품어 기꺼이 자루가 되는
선한 이들의 힘줄로 이어가는 거다

○
○
○

어떤 그리움

그런 때가 있습니다
온 힘으로 세상 속을 걷다가
낙화가 부러워지는 삶 기슭을 더듬을 때
물 한 바가지 먼저 붓고 펌프질해주는
그런 사람이 그리울 때 있습니다

순수로 보태준 애달픈 마음이
벗겨진 포장 속 얼룩덜룩한 나신을 보았을 때
넋 잃고 멍해진 가슴에
물 한 바가지 끼얹으며 힘찬 울력으로
끌어올려 주는 그런 사람이 그리울 때 있습니다.

그러겠지요 사람이란
내가 되어주지 못한 것을 되어 달라 하는
살아있는 생명 중에 얼마나 이기적인 존재입니까
어느 곳의 누군가
벗어날 수 없는 무게에 지쳐갈 때

○
○
○

강줄기 같은 마중물이 되어주었는지

소롯한 속내를 들여다보는데
보름이 갓 지난 하현달이 시립니다

○
○
○

돌아보기

꽃으로 준다고 다 꽃으로 돌아오겠습니까
종달새의 목소리
푸른 잎들의 춤사위
나비들의 날갯짓으로
환원되어 돌아올 향기가 반드시 있다지요
인과의 관계를 어찌
세상의 셈법으로 헤아릴 수 있을까요
계절에 눈 맞출 겨를 없이
한 손으로 상처를 싸안고
한 손으로 세상을 더듬어 가는
애절한 눈빛들을 본 적 있나요
외면의 이유가 참 많은 삶이라지요
수직의 계산속에서
수평의 밑변을 돌아보기란
고개 숙이지 않고서야 들리지도 않겠지요
보면서 안 보는 것들에 대해
놓치고 잊고 있는 것들에 대해

○

○

○

온기 담은 눈길 한 줄
떨켜가 되고 기초 줄 되어
아슴아슴 향기 배어
종소리로 퍼져나가……

○
○
○

12월 끝자락에

붉은 통증을 앓던 단풍이
이별로 비워낸 자리
서리가 상고대로 꽃핀 물가에서
저린 팔을 흔들어 본다

누가 가고 누가 오는 걸까
또 무엇이 풍선처럼 솟아서
상처를 주고 상처를 묻고
비린 냄새 속에 허벌허벌 걸을까

섣달이 지고 있다
애달픈 마음도 욕심도 내려놓고
어떤 것이 사치였는지
어떤 것이 자랑이었는지
겸손한 반성 속에 눈감아 본다

나무는 맨살의 침묵 속에 봄을 꾸려낼 것이고

○
○
○

달력은 한 획 희망의 향을 묻혀
새해를 매달고 등을 떠민다

○
○
○

우리 어머님

어버이날이라고 왔던 차에
훅 실려 집 떠나 석 달 만에 돌아오신 어머님
심어놓고 돌보지 않아도 키만큼 자란 깻대 잡고 우신다
지워져 가는 기억이 다시 살아날까나
여든다섯 해 사신 동네 예순여덟 해 산 집 마당
저 아련한 빛깔의 기억 아린 눈물
사람이었어라

딸깍딸깍 만져보는 살림살이
못에 걸린 겨울 스웨터 눈에 익어 만지작만지작
"이 옷 기억나세요, 어머니!! 많이 입으시던 건데"
"그럼, 내 마음이 말도 못하게 서글프다 야야……
"그런데 아지매가 누구드라"
"어머니 저를 몰라요? 제가 누구예요?"
"얼굴은 알겠는데 누군공 잊어뿟다"
더운 바람이 훌 지나간다

○
○
○

세간
수많은 바구미와 거미 새끼와 효능을 알 수 없는 약들과 꼭꼭 숨겨져 끝내 찾지 못했던 작은 전지가위와 유통기간이 오륙 년도 더 지난 식용유와 두 잔 마시고 뚜껑이 꼭 잠긴 경주법주가 점령하고 있던 싱크대 뱃속 찬장 속은 기한 없는 잡화들의 질서 없는 아우성과 나프탈렌의 냄새가 공존하며 역사를 만들고 있는 전쟁터, 일박이일의 치열한 전투 끝에 탈환하다.

자식들의 용돈과 부추 팔아 번 돈, 돈이 생기는 족족 갖다 주고 바꿔온 약, 매트, 치약, 비누, 장롱 위를 가득 채운 화장지, 언제나 다 쓰시려나 긴긴 세월 당신의 끔찍이 소중했던 것들이 지독히 더운 여름날 불길 속에 쏘시개 노릇을 하고 있다
냄비뚜껑 하나 닦으려면 수세미 세 가지, 세월이 굽이칠 때마다 벗겨내야 할 때가 다른가 보다
비닐봉지와의 끝없는 전쟁 한 겹 두 겹 세 겹…… 일곱 겹

○
○
○

벗겨내면 들깨 한 줌 제발 흰 봉지에 넣으라던 당부는 한 번 풀어볼 때마다 까먹으셨구나

못 고리마다 걸린 씨앗들을 숙주 삼아 제 세상을 펼치던 벌레와 나방과 잘금거리며 떨어지는 똥들, 곡식이 없으면 벌레도 없겠지. 너희들의 숙주를 완전히 제거한다
명주실로 꿰어 말린 대추는 기억만큼 비었는지 푸석한 살에 벌레 똥만 가득
홀로 긴 밤 졸면서 꿰던 어머님의 시간들도 함께 거름 밭에 묻힌다
"그건 버리는 거예요, 깨졌어요, 구멍 났어요"
"그래도 쓸 건데"
네 번을 버렸다 주워왔다 하던 그릇들 체념한 듯 손 털며
"아이구 개운타"
"그렇죠 이제 누가 쓰겠어요 버려야 해요"
친절한 눈빛 잠시 주고받다가
"그런데 아지매는 누구드라?"

○
○
○

벌레 소리가 뚝 멈춘다

눈앞의 자식은 영감이라 불러도
새댁시절 똥바지 씻어드린 시할아버지가 그리워
흥얼흥얼 시부곡

외동딸로 자라 오라버니들 사랑 듬뿍 받던 소녀가
윗동네 처녀도 일본순사한테 잡혀갔다고
열일곱에 시집와서 살아내왔던 세월
그 세월에 기형의 손마디 휘어진 손가락을 만들어온
여자의 일생
그리고……

○
○
○